उजला उजला पूरा चाँद

उजला उजला पूरा चाँद

निदा फ़ाज़ली

सम्पादन एवं भूमिका

ज्ञानप्रकाश विवेक

वाणी प्रकाशन

प्रकाशन के उत्कृष्टतम 61 वर्ष

पेपरबैक पहला संस्करण : 2017
पेपरबैक दूसरा संस्करण : 2019
पेपरबैक तीसरा संस्करण : 2024

vaniprakashan.com

वाणी प्रकाशन
4695, 21-ए, दरियागंज, नयी दिल्ली-110 002
फ़ोन : +91 11 23273167, 23275710

शाखाएँ
अशोक राजपथ, पटना-800 004, बिहार
कॉफ़ी हाउस कैम्पस, महात्मा गांधी मार्ग, प्रयागराज-211 001, उत्तर प्रदेश
महात्मा गांधी अन्तरराष्ट्रीय हिन्दी विश्वविद्यालय, वर्धा-442 001, महाराष्ट्र
36/ए, शेक्सपियर सरणी, रानी बिरला गर्ल्स कॉलेज के पास, कोलकाता-700 017, प. बंगाल
sales@vaniprakashan.in
vaniprakashan@gmail.com

Ujla Ujla Poora Chand
by Nida Fazali
Edited by Gyanprakash Vivek

ISBN : 978-93-87330-88-7
Ghazals

मूल्य : ₹ 299

आर. टेक ऑफ़सेट प्रिंटर्स, दिल्ली-110 032 में मुद्रित

वाणी प्रकाशन का लोगो मक़बूल फ़िदा हुसेन की कूची से

निदा फ़ाज़ली का मानवतावाद

निदा फ़ाज़ली व्यापकता के शायर हैं। उनकी शायरी ग़ज़लों, नज़्मों और दोहों के ज़रिए चेतना को स्पर्श करती है। निदा की शायरी में वक़्त साँस लेता हुआ प्रतीत होता है तो बिल्कुल वहीं, समाज की धड़कनों को यहाँ साफ़-साफ़ सुना जा सकता है।

निदा फ़ाज़ली की शायरी का फ़कीराना ठाठ, दरहक़ीक़त, उनके अपने जीवन का ही ठाठ है। उनकी शायरी में जो कशमकश है, वो नये समाज के नये मूल्यों से टकराकर आती है। यही वजह है कि निदा फ़ाज़ली की शायरी के तलघर में विद्युत तरंगें हैं और सतह पर ताबिन्दा चमक! वो जब कहते हैं 'सभी हैं भीड़ में तुम भी निकल सको तो चलो'—यह मिसरा वो अपने किसी हमसफ़र को कहते प्रतीत होते हैं। बेशक! लेकिन ज़रा ग़ौर से देखें तो इस मिसरे में वो अपने-आपसे मुख़ातिब हैं। और यक़ीनन, वो भीड़ से निकलकर, शायरी का नया लबो-लहजा पैदा करते हैं। और इस तरह उनकी ग़ज़लों के अश्आर साफ़-शफ़्फ़ाक, चमकते हुए, पारदर्शी, हलचल-सी पैदा करते, दिल में उतरते हुए, माहौल की रचना करते हैं।

निदा फ़ाज़ली ग़ज़ल की पुरानी रविश को तोड़कर, नयी लकीरें खींचते चले जाते हैं। और तब वो किसी कबीराना अन्दाज़ में कहते हैं—

गरज-बरस प्यासी धरती को फिर पानी दे मौला
चिड़ियों को दानें, बच्चों को गुड़धानी दे मौला

दो और दो का जोड़ हमेशा चार कहाँ होता है
सोच-समझ वालों को थोड़ी नादानी दे मौला

उपरोक्त दोनों अश्आर की आन्तरिक लय कितनी भिन्न है, वो तो है। ज़रा इन अश्आर की संरचना पर ग़ौर करें, यहाँ 'मौला' रदीफ़ का प्रयोग बेहद आत्मीय है। जैसे 'मौला' से दुआएँ माँगी जा रही हैं। इन अश्आर में शायर खड़ा है। जो प्रार्थना करता प्रतीत हो रहा है। प्रार्थना–चिड़ियों के दाने के लिए, बच्चों की गुड़धानी के लिए। तमाम प्रार्थनाएँ, मासूमियत को बचाए रखने के लिए। शायर अपने लिए कुछ नहीं माँग रहा। यही तो शायरी है। यही तो निदा फ़ाज़ली का 'तर्ज़े-सुख़न' है। 'निदा' बड़े विनम्र भाव से, सोच-समझवालों (जो अपने आपको दुकान बना चुके हैं) के लिए मौला से नादानी माँग रहे हैं। नादानी यानी सहजता यानी सरलता यानी मानवता।

निदा फ़ाज़ली की सम्पूर्ण शायरी मानवतावाद की शायरी है। उनकी शायरी का संसार बेहद देखा-भाला, लेकिन अद्‌भुत है। इस संसार में पण्डे-पुजारियों, धर्माडम्बरों, मस्जिदों, मन्दिरों और मौलवियों की प्रपंचकारी दुनिया के विपरीत, मानवता के लिए करुणा है। निदा फ़ाज़ली की शायरी का अपना एक धर्म है और वो अनुपम धर्म है मानवता! यह शे'र इन्हीं रास्तों से होकर ही तो आया है–

घर से मस्जिद है ज़रा दूर चलो यूँ कर लें
किसी रोते हुए बच्चे को हँसाया जाये।

किसी रोते हुए बच्चे को हँसाना सृष्टि की सबसे बड़ी प्रार्थना है। यही शायर का मक़सद है। यही जीवन-शैली है, यही जश्न है। किसी रोते हुए बच्चे को हँसाने का जश्न!

निदा की शायरी में इसी तरह के जश्न हैं। बच्चों के लिए 'गुड़धानी' की कामना का जश्न है। रोते हुए बच्चे को हँसाने का जश्न है तो यहाँ 'हौसला अफ़ज़ाई' का भी जश्न है। पश्चात्ताप अगर पत्थर की तरह है तो उसे पाँव की ठोकर मारकर आगे निकलने का शायराना फ़लसफ़ा है–

जब तलक साँस है, भूख है प्यास है
यह ही इतिहास है
रख के कान्धे पे हल,
खेत की ओर चल,
जो हुआ सो हुआ

निदा फ़ाज़ली की ग़ज़लों, नज़्मों और दोहों में नये समय की आहटों को शिद्दत के साथ सुन सकते हैं। उनकी शायरी का फैलाव हैरान करता है। यह वुसअत, निदा फ़ाज़ली ने ख़ुद अपने तजुर्बों और समाज को देखने की तीक्ष्ण दृष्टि से हासिल की है। लगभग पचास वर्षों की शायरी का दौर निदा फ़ाज़ली का एक ऐसा दौर है, जहाँ बदलते समय की थरथराहट है। टूटते-बनते मूल्यों का मंज़रनामा है। बाज़ार की आमद है। बेचैनी भरा तबसरा है। रिश्तों के क्षरण पर न सिर्फ़ चिन्ताएँ है बल्कि स्मृतियों के ज़रिए महसूस कराने की बेक़रारी भी है। मसलन यह शे'र—

कच्चे बखिए की तरह रिश्ते उधड़ जाते हैं
लोग मिलते हैं मगर मिलके बिछुड़ जाते हैं

तथा

ये क्या अज़ाब है सब अपने आपमें गुम हैं
ज़बां मिली है मगर हमज़बां नहीं मिलता

तथा

दुश्मनी लाख सही ख़त्म न कीजे रिश्ता
दिल मिले या न मिले मिले हाथ मिलाते रहिए

निदा फ़ाज़ली रग-रेशे से वाक़िफ़ हैं। सम्बन्धों के टूटने-बिखरने की चिन्ताएँ इन अश्आर के ज़रिए गहराई से महसूस की जा सकती हैं। निदा सही मायने में ऐसे सामाजिक शायर हैं जो रिश्तों में बनावटीपन की मुख़ालफ़त करते हैं और कहते भी हैं—जहाँ तक हो अदाकारी से बचिए। यह मशवरा ग़ैरमामूली है। यह निदा की शायरी का रंग भी है और ज़मीन भी। यथार्थ की खुरदरी ज़मीन पर वो सूफ़ियाना मिज़ाज की शायरी करते हैं और सफल होते हैं। शे'र ग़ौर-तलब है—

मन बैरागी तन अनुरागी क़दम-क़दम दुश्वारी है
जीवन जीना सहल न जानो बहुत बड़ी फ़नकारी है।

सादा ज़बान और सूफ़ियाना चिन्तन! बात संजीदा लेकिन ज़बान सादा। जब वो कहते हैं—कभी किसी को मुकम्मल जहाँ नहीं मिलता यानी ज़िन्दगी अधूरेपन का नाम है। बेशक है। लेकिन इस अधूरेपन में ही तो जीवन का सौन्दर्य छुपा हुआ है। अधूरापन अपने आपमें एक फ़लसफ़ा है। निदा इसी

बात को बड़ी हुनरमन्दी से व्यक्त करते हैं। निदा नये ज़माने शायर के हैं। आधुनिकताबोध उनमें हद दर्जे का है। लेकिन जब शे'र कहते हैं तो नये समय के कबीर प्रतीत होते हैं। वहीं लबो-लहजे में खरापन। वही सादगी। जैसे कि यह शे'र–

घर की तामीर चाहे जैसी हो
इसमें रोने की कुछ जगह रखना

रोने की जगह! यह पेशकश हैरान करती है। दुनियादार लोग घर को सामान से भर देते हैं। शायर है कि घर के अन्दर रोने की जगह को अहमियत दे रहा है। यह शे'र संकेतों में व्यक्त होता है। यह शे'र पदार्थीकरण के ख़िलाफ़ अपना प्रतिरोध पैदा करता है। जो अकथ में है। अकथ इस शे'र की शक्ति है।

निदा फ़ाज़ली की ग़ज़लों में लोकगीतों की जान है। लोक-तत्त्व निदा की ग़ज़लों, नज़्मों और दोहों में अपने विराट वैभव के साथ मौजूद हैं। कुछ दोहे–

सौदा लेने हाट में कैसे जाये नार
चाकू लेके हाथ में बैठा है बाज़ार

सातों दिन भगवान के क्या मंगल क्या वीर
जिस दिन सोये देर तक भूखा रहे फ़कीर

पूजाघर में मूरती मीरा के संग श्याम
जितनी जिसकी चाकरी उतने उसके दाम

यह है निदा फ़ाज़ली के दोहों की बानगी। यह है उनका अन्दाज़े-बयाँ। अन्दाज़े-बयाँ उनका ग़ज़ल में तो विशिष्ट है ही, दोहों में भी यह अन्दाज़ आत्मीय राग पैदा करता है। निदा के दोहों में संवेदना की लय है और लोकगीतों की अनेक छवियाँ भी।

निदा के तमाम दोहों में जो संस्कार है, वो दोहे का ही है। आकर्षण ग़ज़ल जैसा। मिज़ाज सूफ़ियाना और बात समकाल की।

एक और बात अहम है, वो है अपने आसपास के बिखरे हुए प्रतीकों

को चुनना और अपनी शायरी में सलीक़े से स्थापित करना। 'घरेलूपन' की शक्ति क्या होती है, उसे निदा अपनी सघन अनुभूति के सौन्दर्य से व्यक्त करते हैं। पेश हैं उनकी नज़्मों के दो अंश–

कुण्डी ठुमकी चूलें चटखीं
कमरे की बत्ती जल उठ्ठी
पायल झुमके बिछवे कंगन
जैसे घबराये हाथों से
कोई आटा गूँथ रहा हो
या आँगन को लेप रहा हो

(दीवारों के पीछे)

उर्दू नज़्म में इस तरह के प्रयोग दुर्लभ हैं। इस नज़्म के पास मंज़र, स्त्री-पात्र की भरपूर उपस्थिति है। उसकी 'साइकी' और सरगोशी!

एक अन्य नज़्म में निदा स्त्री की लज्जा और संकोच को कितने हैरान करने वाले प्रतीकों में व्यक्त करते हैं कि सारे प्रतीक नज़्म को वैभवशाली बना देते हैं–

उसने अपना पैर खुजाया
अँगूठी के नग को देखा
चुटकी से इक तिनका तोड़ा
चारपाई से बान मरोड़ा

(एक बात)

निदा की शायरी में साधारण शब्द मूल्यवान हो जाते हैं। निदा शब्दों के साथ किसी आत्मीय दोस्त जैसा व्यवहार करते हैं। शब्द अपनी लयात्मकता के साथ, ग़ज़ल की दुनिया में, किसी ख़ैरमक़दम की तरह प्रविष्ट होते हैं। यह शब्द-यात्रा, अश्आर में, अर्थ का संगीत बनकर गूँजती है।

निदा ने शब्दों में लय पैदा करने का कौशल रचा। सादगी को अपनी शायरी का उस्लूब (शैली) बनाया। नये मुहावरे की खोज की। अनुभवों के ताप से शायरी की और बड़े फ़क्कड़पन से कहा–बहुत मुश्किल है बंजारा मिज़ाजी! यह मिसरा उन्होंने ज़माने के लिए कहा हो या न कहा हो, अपने लिए ज़रूर कहा। इसी बंजारा मिज़ाजी को ही उन्होंने अपने जीवन में ढाल

लिया। उनकी एक नज़्म है–'आत्मकथा'। यह नज़्म क्या है, जैसे निदा अपने आपको 'बयान' कर रहे हों–

किसी को टूट के चाहा किसी से खिंच के रहे
दुखों की राहतें झेलीं, खुशी के दर्द सहे
कहीं अँधेरा कहीं रोशनी कहीं साया
पहाड़ सख़्त था बरसों में रेत हो पाया

ज़िन्दगी के मुसाफ़िरख़ाने में बैठा शायर जैसे अपनी तख़्लीकी यात्रा का आख्यान रच रहा हो और स्मृतियों की गर्द झाड़कर कह रहा हो–पहाड़ सख़्त था बरसों में रेत हो पाया।

निदा फ़ाज़ली की आधी ज़िन्दगी मुश्किल दौर से गुज़री। अपने जीवन में कई उतार-चढ़ाव देखे। संघर्ष झेले। ख़ाली जेब और ख़ाली पेट कई-कई रातें गुज़ारीं। उनकी शायरी का जो फ़कीराना मिज़ाज है, वो उनकी ज़िन्दगी के तप से छनकर आया है। इसलिए वो बड़ी सादगी से कहते हैं–ज़िन्दगी क्या है किताबों को हटाकर देखो...। यही वजह है कि उनकी शायरी में किताबी ज्ञान के विपरीत अनुभवों का सरमाया है। उनके पास ज़िन्दगी और मौत को महसूस करने का अपना निजी बोध है और उसे व्यक्त करने का भी अपना अन्दाज़–

बादबाँ बाँध के कश्ती को किनारे पे रखो।
इक-न-इक रोज़ तो होना हैं रवाना साहब!

बहुत पहले इंशा अल्लाह ने कहा था–"कमर बाँधे हुए चलने को याँ सब यार बैठे हैं"–लेकिन निदा मुख़्तलिफ़ प्रतीकों के ज़रिए इसी बोध को नये अन्दाज़ में बयान करते हैं। यहाँ शे'र के आख़िर में जो 'साहब' रदीफ़ है, उसमें मस्ती का आलम है। बात जाने की लेकिन बयान में मस्ती। यह जो अभिव्यक्ति का अन्दाज़ है, यही निदा की शायरी का अन्दाज़े-बयाँ है।

बच्चे उनकी शायरी में बार-बार आते हैं जो मासूमियत का प्रतीक हैं। निदा के माता-पिता विभाजन के दौरान पाकिस्तान चले गये। निदा ने जाने से इनकार कर दिया। निदा हिन्दुस्तान में रहे। तंगदस्ती और बदहाली से लड़ते हुए निदा! एक रौशन ख़याल शायर। समाज, लोग, समय, सम्बन्ध, प्रेम को उन्होंने जिस रूप में महसूस किया, उसे उतनी शिद्दत और भावना

के आवेग से शायरी में बयान किया। वो अपने आपको क्या समझते रहे, एक नज़्म से महसूस होता है–

वो जो
फटे-पुराने जूते गाँठ रहा है
वो भी मैं हूँ
पल-पल रूप बदलने वाली
मिट्टी हूँ मैं
जीवन हूँ मैं!

निदा फ़ाज़ली ग्वालियर, दिल्ली से होते हुए मुम्बई में स्थापित हुए। मुशायरे के वो चर्चित शायर थे। बेशक थे। लेकिन उन्होंने अपनी शर्तों पर लिखा और अपनी शर्तों पर मुशायरों में शिरकत की। मुशायरों ने उनको लोकप्रियता प्रदान की। उन्होंने फ़िल्मों के लिए भी बहुत सारी रचनाएँ लिखीं। इन सब बातों के बावजूद वो एक मुकम्मल शायर हैं। शायर को नया रंग-रूप और नया मुहावरा देने वाले, अपनी तरह के बा-शऊर और मोतबर शायर!

–ज्ञानप्रकाश विवेक
1875, सेक्टर-6
बहादुरगढ़-124507 (हरियाणा)
मोबाइल : 9813491654

अनुक्रम

दो खिड़कियाँ

आमने-सामने दो नयी खिड़कियाँ

जलती सिगरेट की लहराती आवाज़ में
सूई डोरे के रंगीन अलफ़ाज़ में
मशवरा कर रही हैं कई रोज़ से

शायद अब!
बूढ़े दरवाज़े सर जोड़कर
वक़्त की बात को वक़्त पर मान लें
बीच की टूटी-फूटी गली छोड़कर
खिड़कियों के इशारों को पहचान लें

एक बात

उसने
अपना पैर खुजाया
अँगूठी के नग को देखा
उठकर
ख़ाली जग को देखा
चुटकी से एक तिनका तोड़ा
चारपाई का बान मरोड़ा

भरे-पूरे घर के आँगन में
कभी-कभी वो बात
जो लब तक
आते-आते खो जाती है
कितनी सुन्दर हो जाती है

रंग-ए-महल

मैं अकसर देखा करता हूँ

घर की चौखट से होटल तक
दो टाँगें भटका करती हैं

बिजली के बजते तारों में
दो आँखें झूला करती हैं

लकड़ी की कुर्सी पर बैठी
इक सिगरेट सुलगा करती है

काग़ज़ के कोरे पन्नों पर
दुबली-पतली एक कलाई
नागिन-सी रेंगा करती है

जाने किन ज़ालिम हाथों ने
चलते-फिरते रंग-ए-महल को
बेदर्दी से तोड़ दिया है
टुकड़े करके छोड़ दिया है

मैं अकसर देखा करता हूँ

नील गगन में तैर रहा है, उजला उजला पूरा चाँद
माँ की लोरी-सा, बच्चे के दूध कटोरे जैसा चाँद

मुन्नी की भोली बातों-सी चटकें तारों की कलियाँ
पप्पू की ख़ामोश शरारत-सा छुप-छुपकर उभरा चाँद

मुझसे पूछो कैसे काटी मैंने पर्वत जैसी रात
तुमने तो गोदी में लेकर घण्टों चूमा होगा चाँद

परदेसी सूनी आँखों में शोले से लहराते हैं
भाभी की छेड़ों से बादल, आपा की चुटकी-सा चाँद

तुम भी लिखना, तुमने उस शब कितनी बार पिया पानी
तुमने भी तो छज्जे ऊपर देखा होगा पूरा चाँद

पिया नहीं जब गाँव में
आग लगे सब गाँव में

लिखने वाले आगे लिख
लौटोगे कब गाँव में

कितनी मीठी थी इमली
साजन थे जब गाँव में

सच कह गुइयाँ और कहाँ
उन जैसी छब गाँव में

उनके जाने की तारीख़
दंगल था जब गाँव में

देख सहेली धीमे बोल
बैरी हैं सब गाँव में

कितनी लम्बी लगती है
पगडण्डी अब गाँव में

मन का सौदा मन के मोल
कैसा मज़हब गाँव में

साजन जंगल पार गये मैं चुप-चुप राह तकूँ
बछिया बैठी थान में ऊँघे किससे बात करूँ

बिन साजन कुछ भी न सुहाए बैठे रहना काम
आँगन के जामुन को बाँचूँ या दीवार पढ़ूँ

रात अँधेरी काटे खाए हवा चलाए तीर
मेरा बस हो तो मैं उनको कभी न जाने दूँ

जाने उन बिन क्या हो जाता है मेरे जी को
चौका-बासन कर पाऊँ, न चक्की पीस सकूँ

दर्शन जल के प्यासे नैना, मिलन की प्यासी देह
प्यास बुझे न मेरी चाहे पूरा ताल पियूँ

आड़ी-तिरछी रेखाओं से सारी पटिया लाल
कब तक बैठे-बैठे बीसे तीसे और गिनूँ

जाने कितनी दूर है सूरज, उनके चरणों से
ऐसे में जो मुर्ग़ा बोले, लाख बलाएँ लूँ

ख़त है कि बदलती रुत या गीतों भरा सावन
इठलाई हुई गलियाँ, शरमाते हुए आँगन

शीशे-सा धुला चौका, मोती से चुने बर्तन
खिलता हुआ इक चेहरा, हँसते हुए सौ दर्पण

सिमटी हुई चौखट पर कुछ धूप गिलहरी-सी
नीबू की क्यारी में चाँदी के कई कंगन

बच्चों-सी हुमकती शब गेंदों से उछलते दिन
चेहरों-सी धुली ख़ुशियाँ, बालों-सी खुली उलझन

हर पेड़ कोई क़िस्सा, हर घर कोई अफ़साना
हर रास्ता पहचाना, हर चेहरे पर अपनापन

खेलता बच्चा

घास पर खेलता है इक बच्चा
पास माँ बैठी मुस्कुराती है
मुझको हैरत है जाने क्यों दुनिया
काबा व सोमनाथ जाती है

रोता बच्चा

मेहँदी लगे हाथों में तवे की कालोंच
आँखों के हिरन क़ैद में घबराते हैं
रोते हुए बच्चे पे नज़र पड़ते ही
चोली के कई टाँके उधड़ जाते हैं

दीवार के पीछे

कुण्डी ठुमकी,
चूलें चटख़ीं
कमरे की बत्ती जल उठी
पायल, झुमके
बिछवे, कंगन
छन छन छन छन छंन छन छन
एक छनाका
जैसे कोई शीशे का बर्तन गिर जाये
इक दो उल्टे-सीधे जुमले
एक अधूरी नंगी गाली
और फिर
उड़ती मीनाएँ-सी
बिन शब्दों की भाषायें-सी
जैसे
घबराये हाथों से कोई आटा गूँध रहा हो
या आँगन को
लेप रहा हो

जब तलक वो जिया

जब तलक वो जिया
चाय की केतली साफ़ करता रहा
भीगी बिल्ली-सा मालिक से डरता रहा

ताँगे वालों ने छेड़ा तो शरमा गया
कोई चिल्ला के बोला तो घबरा गया

जब तलक वो जिया
अपनी बीवी से हर दिन झगड़ता रहा
बात-बे-बात बच्चों से लड़ता रहा
रूह घुटती गयी, दम उखड़ता रहा

जब तलक वो जिया
रोज़ जलसे हुए, रोज़ भाषण हुए
देश में जाने कितने इलेक्शन हुए

परायी आग

अकेली रात है
या बर्फ़ का समंद है
ख़याल ज़ेहन में उगते ही
डूब जाता है
हवायें!
जैसे कोई बरछियाँ चलाता है
ठिठुरते जिस्म को लेकर कहाँ चला जाऊँ
प्लेटफ़ॉर्म के कोने में
दो पुराने लिहाफ़
सिकुड़ते!
मुड़ते!
लिपटते!
सरकते जाते हैं
टहलते पाँव अचानक
ठिठकते जाते हैं
दियासलाई के शोले से कुछ नहीं होगा
परायी आग पे
हाथों को तापते रहिए
नहीं तो सुबह तलक यूँ ही काँपते रहिए

मशवरा

बिल्ली के बच्चे का कब तक ध्यान रखोगी
सिगरेट की डिब्बियों से कितने बैग बुनोगी

हर दम गोदी में बच्चा घबराता होगा
तोता दिन भर रट-रटकर थक जाता होगा

चूड़ी के टुकड़ों की कड़ियाँ बहुत बना लीं
काग़ज़ के फूलों की लड़ियाँ बहुत बना लीं

मेरी मानो तो उनको चिट्ठी लिख डालो

आख़िर कब तक खुद को धोखा दे पाओगी
आज नहीं तो कल इस ज़िद पर पछताओगी

सुना है मैंने

सुना है मैंने!
कई दिन से तुम परेशाँ हो
किसी ख़याल में
हर वक़्त खोई रहती हो

गली में जाती हो
जाते ही लौट आती हो
कहीं की चीज़ कहीं रख के भूल जाती हो
किचन में!
रोज़ कोई प्याली तोड़ देती हो
मसाला पीसकर
सिल यूँ ही छोड़ देती हो
नसीहतों से ख़फ़ा
मशवरों से उलझन-सी
कमर में दर्द की लहरें
रगों में ऐंठन-सी

यक़ीन जानो!

बहुत दूर भी नहीं वो घड़ी
हर इक फ़साने का उनवान बदल चुका होगा
मेरे पलँग की चौड़ाई
घट चुकी होगी
तुम्हारे जिस्म का सूरज पिघल चुका होगा

कच्ची दीवारें

मेरी माँ!
हर दिन अपने बूढ़े हाथों से
इधर-उधर से मिट्टी लाकर
घर की कच्ची दीवारों के ज़ख़्मों को भरती रहती है
तेज़ हवाओं के झोंकों से
बेचारी कितना डरती है
बरसों की सीली दीवारें
छोटे-मोटे पैवन्दों से
आख़िर कब तक रुक पायेंगी
जब कोई बादल
गरजेगा
हर-हर करती ढह जायेंगी

चंचल हुई हवाएँ तो पानी मचल गया
पर्वत को चीरता हुआ दरिया निकल गया

रस्ते में कोई कार, न औरत न बिल्डिंगें
दो घूँट थी शराब मगर जी बहल गया

रंगों के इम्तेज़ाज में पोशीदा आग थी
देखा था मैंने छू के मेरा हाथ जल गया

अकसर पहाड़ सर पे गिरे और चुप रहे
यूँ भी हुआ कि पत्ता हिला, दिल दहल गया

पहचानते तो होगे निदा फ़ाज़ली को तुम
सूरज को खेल समझा था छूते ही जल गया

पिघलता सूरज

आटे के कनस्तर में
पिघलता हुआ सूरज
चारपाई की अदवान में
जकड़ा हुआ महताब
तारों की सलीबों पे
सिसकता हुआ हर ख़्वाब
लहराती हुई पिण्डलियाँ
बजती हुई रानें
फटती हुई साड़ी में
घुटनों-पे-घुटनें

कुछ भी बचा ना कहने को हर बात हो गयी
आओ कहीं शराब पियें रात हो गयी

फिर यूँ हुआ कि वक़्त का पासा पलट गया
उम्मीद जीत की थी मगर मात हो गयी

सूरज को चोंच में लिये मुर्ग़ा खड़ा रहा
खिड़की के पर्दे खींच दिये रात हो गयी

वो आदमी था कितना भला, कितना पुरख़ुलूस
उससे भी आज लीजे मुलाक़ात हो गयी

रस्ते में वो मिला था मैं बचकर गुज़र गया
उसकी फटी कमीज़ मेरे साथ हो गयी

नक़्शा उठा के कोई नया शहर ढूँढ़िए
इस शहर में तो सबसे मुलाक़ात हो गयी

तीन शे'र

अकेले कमरे को चुप-चुप सजा रहा हूँ मैं
सवेरे उठते ही तुमको भुला रहा हूँ मैं

कभी मुझे भी था यारों से इख़्तिलाफ़ बहुत
हर एक बात पे अब सर झुका रहा हूँ मैं

कहीं मिले कोई अपना तो फूटकर रो लूँ
कई दिनों से बहुत मुस्कुरा रहा हूँ मैं

दरिया हो या पहाड़ हो टकराना चाहिए
जब तक न साँस टूटे जिये जाना चाहिए

यूँ तो क़दम-क़दम पे है दीवार सामने
कुछ भी न हो तो ख़ुद से उलझ जाना चाहिए

झुकती हुई नज़र हो कि सिमटा हुआ बदन
हर रस भरी घटा को बरस जाना चाहिए

चौराहे, बाग़, बिल्डिंगें सब शहर तो नहीं
कुछ ऐसे-वैसे लोगों से याराना चाहिए

अपनी तलाश, अपनी नज़र, अपना तजुर्बा
रस्ता हो चाहे साफ़ भटक जाना चाहिए

चुप-चुप मकान, रास्ते गुमसुम, निढाल वक़्त
इस शहर के लिए कोई दीवाना चाहिए

बिजली का कुमकुमा न हो, काला धुआँ तो हो
ये भी अगर नहीं हो तो बुझ जाना चाहिए

पासपोर्ट ऑफ़िसर के नाम

कराची एक माँ है
बम्बई बिछड़ा हुआ बेटा
ये रिश्ता प्यार का पाकीज़ा रिश्ता है जिसे
अब तक
न कोई तोड़ पाया है
न कोई तोड़ सकता है
ग़लत है रेडियो, झूठी हैं सब अख़बार की ख़बरें

न मेरी माँ कभी तलवार ताने रन में आयी है
न मैंने अपनी माँ के सामने बन्दूक उठायी है

ये कैसा शोर-ओ-हंगामा है
ये कैसी लड़ाई है

देखा गया हूँ मैं, कभी सोचा गया हूँ मैं
अपनी नज़र में आप तमाशा रहा हूँ मैं

मुझसे मुझे निकाल के पत्थर बना दिया
जब मैं नहीं रहा हूँ, तो पूजा गया हूँ मैं

मैं मौसमों के जाल में जकड़ा हुआ दरख़्त
उगने के साथ-साथ बिखरता रहा हूँ मैं

ऊपर के चेहरे-मोहरे से धोखा न खाइए
मुझको तलाश कीजिए, गुम हो गया हूँ मैं

लफ़्ज़ों का पुल

मस्जिद का गुम्बद सूना है
मन्दिर की घण्टी ख़ामोश

जुज़दानों में लिपटे सारे आदर्शों को
दीमक कब की चाट चुकी है

रंग!
गुलाबी
नीले
पीले
— कहीं नहीं हैं
तुम उस जानिब
मैं इस जानिब
बीच में मीलों गहरा ग़ार
लफ़्ज़ों का पुल टूट चुका है
तुम भी तनहा
मैं भी तनहा

खनकता है, रुपहला दिन तो सारा
कहीं से रात खोटी हो गयी है

वो अब भी हँसती रहती है मुसलसल
छमाछम भागती है, टूटती है
कभी नाराज़ हो जाये तो अब भी
वो फ़ौरन फुलझड़ी-सी छूटती है

वो बातें अब भी करती है बराबर
मगर आवाज़ मोटी हो गयी है

तकल्लुफ़ से परे है अब भी लहजा
निगाहों में वही बेबाकियाँ हैं
वही है नाप उसकी चूड़ियों का
इशारों में वही गोलाइयाँ हैं

ख़यालों में है अब भी भोलापन-सा
मगर हर बात छोटी हो गयी है

सुराही अब भी गिर जाती है उससे
वो अब भी कच्चे टाँके टाँकती है
गली से कोई भी आवाज़ आये
वो घर में सबसे पहले झाँकती है

मसाला अब भी मोटा पीसती है
मगर कुछ गोल रोटी हो गयी है
खनकता है रुपहला दिन तो सारा
कहीं से रात खोटी हो गयी है

नोहा

किसी को टूट के चाहा, किसी से खिंच के रहे
दुखों की राहतें झेलीं, ख़ुशी के दर्द सहे
कभी बगुला से भटके
कभी नदी से बहे
कहीं अँधेरा, कहीं रौशनी, कहीं साया
तरह-तरह के फ़रेबों का जाल फैलाया
पहाड़ सख़्त था, बरसों में रेत हो पाया

धरती बिछा, दिशायें जगा, दिन उगा के छोड़
उठ और उसके ग़म को कबूतर बना के छोड़

तर्क-ए-वफ़ा अभी नहीं, ये दिल का खेल है
कुछ और साथ रह उसे पत्थर बना के छोड़

जिसकी तलब अज़ीज़ हो उससे कभी न मिल
पानी न माँग रेत से दरिया उगा के छोड़

हर सिम्त से टटोल, हर इक ज़ाविए से देख
हीरा भी हाथ आये तो कंकर बना के छोड़

जंग

सरहदों पर फ़तह का ऐलान हो जाने के बाद
जंग!
बेघर, बेसहारा
सर्द ख़ामोशी की आँधी में बिखर के
ज़र्रा-ज़र्रा फैलती है
तेल
घी
आटा
खनकती चूड़ियों का रूप भर के
बस्ती-बस्ती डोलती है
दिन-दहाड़े
हर गली-कूचे में घुसकर
बन्द दरवाज़ों की साँकल खोलती है
मुद्दतों तक
जंग!
घर-घर बोलती है
सरहदों पर फ़तह का ऐलान हो जाने के बाद

अपना ग़म ले के कहीं और न जाया जाये
घर में बिखरी हुई चीज़ों को सजाया जाये

खुदकुशी करने की हिम्मत नहीं होती सबमें
और कुछ दिन अभी औरों को सताया जाये

बाग़ में जाने के आदाब हुआ करते हैं
किसी तितली को न फूलों से उड़ाया जाये

क्या हुआ शहर को, कुछ भी तो दिखाई दे कहीं
यूँ किया जाये कभी ख़ुद को रुलाया जाये

घर से मस्जिद है बहुत दूर चलो यूँ कर लें
किसी रोते हुए बच्चे को हँसाया जाये

दुनिया जिसे कहते हैं बच्चे का खिलौना है
मिल जाये तो मिट्टी है खो जाये तो सोना है

अच्छा-सा कोई मौसम, तनहा-सा कोई आलम
हर वक़्त का रोना तो बेकार का रोना है

बरसात का बादल तो दीवाना है क्या जाने
किस राह से बचना है किस छत को भिगोना है

ये वक़्त जो तेरा है, ये वक़्त जो मेरा है
हर गाम पे पहरा है, फिर भी इसे खोना है

ग़म हो कि ख़ुशी दोनों कुछ दूर के साथी हैं
फिर रस्ता-ही-रस्ता है हँसना है न रोना है

आवारा मिज़ाजी ने फैला दिया आँगन को
आकाश की चादर है धरती का बिछौना है

कच्चे बख़िए की तरह रिश्ते उधड़ जाते हैं
लोग मिलते हैं मगर मिल के बिछड़ जाते हैं

यूँ हुआ दूरियाँ कम करने लगे थे दोनों
रोज़ चलने से तो रस्ते भी उखड़ जाते हैं

छाँव में रख के ही पूजा करो ये मोम के बुत
धूप में अच्छे-भले नक़्श बिगड़ जाते हैं

भीड़ से कट के न बैठा करो तनहाई में
बेख़याली में कई शहर उजड़ जाते हैं

मोर नाच

देखते-देखते
उसके चारों तरफ़
सात रंगों का रेशम बिखरने लगा
धीमे-धीमे कई खिड़कियाँ-सी खुलीं
फड़फड़ाती हुई फ़ाख़तायें उड़ीं
बदलियाँ छा गयीं
बिजलियों की लकीरें चमकने लगीं
सारी बंजर ज़मीनें हरी हो गयीं
नाचते-नाचते
मोर की आँख से
पहला आँसू गिरा
ख़ूबसूरत सजीले परों की धनक
टूटकर टुकड़ा-टुकड़ा बिखरने लगी
फिर फ़िज़ाओं से जंगल बरसने लगा
देखते-देखते...

घर से निकले हो तो सोचा भी किधर जाओगे
हर तरफ़ तेज़ हवायें हैं बिखर जाओगे

इतना आसाँ नहीं लफ़्ज़ों पे भरोसा करना
घर की दहलीज़ पुकारेगी जिधर जाओगे

शाम होते ही सिमट जायेंगे सारे रास्ते
बहते दरिया से जहाँ होगे ठहर जाओगे

हर नये शहर में कुछ रातें कड़ी होती हैं
छत से दीवारें जुदा होंगी तो डर जाओगे

पहले हर चीज़ नज़र आयेगी बेमानी-सी
और फिर अपनी ही नज़रों से उतर जाओगे

कभी किसी को मुकम्मल जहाँ नहीं मिलता
कहीं ज़मीं, कहीं आसमाँ नहीं मिलता

तमाम शहर में ऐसा नहीं, ख़ुलूस न हो
जहाँ उम्मीद हो इसकी वहाँ नहीं मिलता

कहाँ चिराग़ जलायें, कहाँ गुलाब रखें
छतें तो मिलती हैं लेकिन मकाँ नहीं मिलता

ये क्या अज़ाब है सब अपने आपमें गुम हैं
ज़बाँ मिली है मगर हमज़बाँ नहीं मिलता

चिराग़ जलते ही बीनाई बुझने लगती है
ख़ुद अपने घर में ही घर का निशाँ नहीं मिलता

दुख में नीर बहा देते थे, सुख में हँसने लगते थे
सीधे सादे लोग थे लेकिन कितने अच्छे लगते थे

नफ़रत चढ़ती आँधी जैसी, प्यार उबलते चश्मों-सा
बैरी हूँ या संगी साथी सारे अपने लगते थे

बहते पानी दुख-सुख बाँटें, पेड़ बड़े बूढ़ों जैसे
बच्चों की आहट सुनते ही खेत लहकने लगते थे

नदिया, पर्वत, चाँद, निगाहें, माला एक कई दाने
छोटे-छोटे से आँगन भी कोसों फैले लगते थे

मैं एक गहरी ख़ामोशी हूँ आ झिंझोड़ मुझे
मिरे हिसार में पत्थर-सा गिर के तोड़ मुझे

बिखर सके तो बिखर जा मिरी तरह तू भी
मैं तुझको जितना समेटूँ तो उतना जोड़ मुझे

यहाँ तो तेरी शबाहत का अक्स है हर सू
जहाँ से साफ़ हो मंज़र वहाँ से छोड़ मुझे

मैं एक सिरफिरा बादल मिरा सफ़र पानी
उछालकर कोई मौसम नया निचोड़ मुझे

कली बन के खिला और फूल-सा महका
महक उठूँ तो हवा पत्ती-पत्ती तोड़ मुझे

बात कम कीजे ज़ेहानत को छुपाते रहिए
अजनबी है शहर ये, दोस्त बनाते रहिए

दुश्मनी लाख सही ख़त्म न कीजे रिश्ता
दिल मिले या न मिले हाथ मिलाते रहिए

ये तो चेहरे का फ़क़त अक्स है तसवीर नहीं
इस पे कुछ रंग अभी और चढ़ाते रहिए

ग़म है आवारा अकेले हैं भटक जाता है
जिस जगह रहिए वहाँ मिलते-मिलाते रहिए

जाने कब चाँद बिखर जाये घने जंगल में
घर की चौखट पे कोई दीप जलाते रहिए

मोहब्बत में वफ़ादारी से बचिए
जहाँ तक हो अदाकारी से बचिए

हर इक सूरत भली लगती है कुछ दिन
लहू की शोब्दाकारी से बचिए

शराफ़त, आदमियत, दर्दमन्दी
बड़े शहरों में बीमारी से बचिए

ज़रूरी क्या हर इक महफ़िल में बैठें
तकल्लुफ़ की रवादारी से बचिए

बिना पैरों के सर चलते नहीं हैं
बुज़ुर्गों की समझदारी से बचिए

हँसने लगे हैं दर्द, चमकने लगे हैं ग़म
बाज़ार बन के निकले तो बिकने लगे हैं हम

नींदों के पास भी नहीं अब कोई रागिनी
सोते हैं थक के जिस्म मगर जागते हैं ग़म

अपना वुजूद ही था पहाड़ों का सिलसिला
हर रास्ता था साफ़ कहीं पेच थे न ख़म

ख़ुशहाल घर, शरीफ़ तबीयत, सभी का दोस्त
वो शख़्स था ज़्यादा मगर आदमी था कम

मन बैरागी, तन अनुरागी, क़दम-क़दम दुश्वारी है
जीवन जीना सहल न जानो बहुत बड़ी फ़नकारी है

औरों जैसे होकर भी हम बाइज़्ज़त हैं बस्ती में
कुछ लोगों का सीधापन है, कुछ अपनी अय्यारी है

जब-जब मौसम झूमा हमने कपड़े फाड़े शोर किया
हर मौसम शाइस्ता रहना कोरी दुनियादारी है

ऐब नहीं है इसमें कोई, लाल परी न फूल गली
ये मत पूछो, वो अच्छा है या अच्छी नादारी है

जो चेहरा देखा वो तोड़ा, नगर-नगर वीरान किये
पहले औरों से नाख़ुश थे अब ख़ुद से बेज़ारी है

किसी से ख़ुश है किसी से ख़फ़ा-ख़फ़ा-सा है
वो शहर में अभी शायद नया-नया-सा है

न जाने कितने बदन वो पहन के लेटा है
बहुत क़रीब है फिर भी छुपा-छुपा-सा है

सुलगता शहर, नदी, ख़ून—कब की बातें हैं
कहीं-कहीं से ये क़िस्सा सुना-सुना-सा है

सरों के सींग तो जंगल की देन होते हैं
वो आदमी तो है लेकिन डरा-डरा-सा है

कुछ और धूप, हवा ओस सूख जाने तक
वो पेड़ अब के बरस भी हरा-हरा-सा है

जागे हुए मिले हैं, कभी सो रहे हैं हम
मौसम बदल रहे हैं बसर हो रहे हैं हम

बैठे हैं दोस्तों में ज़रूरी हैं क़हक़हे
सबको हँसा रहे हैं मगर रो रहे हैं हम

आँखें कहीं, निगाह कहीं, दस्त-ओ-पा कहीं
किससे कहें कि ढूँढ़ो बहुत खो रहे हैं हम

हर सुबह फेंक जाती है बिस्तर पे कोई जिस्म
ये कौन मर रहा है, किसे ढो रहे हैं हम

शायद कभी उजालों के ऊँचे दरख़्त हों
सदियों से आँसुओं की चमक बो रहे हैं हम

उसके दुश्मन हैं बहुत, आदमी अच्छा होगा
वो भी मेरी ही तरह शहर में तनहा होगा

इतना सच बोल कि होंठों का तबस्सुम न बुझे
रौशनी ख़त्म न कर, आगे अँधेरा होगा

प्यास जिस नहर से टकराई वह बंजर निकली
जिसको पीछे कहीं छोड़ आये वो दरिया होगा

मेरे बारे में कोई राय तो होगी उसकी
उसने मुझको भी कभी तोड़ के देखा होगा

एक महफ़िल में कई महफ़िलें होती हैं शरीक
जिसको भी पास से देखोगे अकेला होगा

दिल था हस्सास बहुत ज़ेर-ओ-ज़बर से गुज़रा
जो भी तूफ़ाँ उठा पहले मेरे घर से गुज़रा

किसी दीवार से टकराया न दर से गुज़रा
वक़्ते-हैरत है ख़ुदा जाने किधर से गुज़रा

इंक़लाबों का कोई वक़्त, न तारीख़, न दिन
जब भी पानी किसी सैलाब का सर से गुज़रा

इतना छोटा तो कभी शहर नहीं था पहले
तेरे रस्ते ही से गुज़रा मैं जिधर से गुज़रा

ज़िन्दगी जागी हुई आँख का रंगीन फ़रेब
जो भी गुज़रा वो सराबों के सफ़र से गुज़रा

हर इक रस्ता अँधेरों में घिरा है
मोहब्बत इक ज़रूरी हादसा है

गरजती आँधियाँ ज़ाया हुई हैं
ज़मीं पे टूट के आँसू गिरा है

निकल आये किधर मंज़िल की धुन में
यहाँ तो रास्ता-ही-रास्ता है

दुआ के हाथ पत्थर हो गये हैं
ख़ुदा हर ज़ेहन में टूटा पड़ा है

तुम्हारा तजुर्बा शायद अलग हो
मुझे तो इल्म ने भटका दिया है

पहली बूँद पड़ी पानी की
हवा हुई सैलानी
हवा हुई सैलानी, जागी सोई हुई नादानी
हरे गुलाबी साये छाये
धूप चली मैदानों से
निकल पड़ीं हिरनों की डारें
छूटे तीर कमानों से
घर-घर शोर करे मनमानी
हवा हुई सैलानी
धुले-धुलाये बच्चों से दिन
होली खेलें राहों में
चुने दुपट्टों से अँधियारे
छन-छन खनकें बाँहों में
सौ-सौ स्वाँग रचाये पानी
हवा हुई सैलानी
धानी पगड़ी वाला मौसम
धरती सींचे बादल से
बीड़ी पीकर खाँसे सूरज
चन्दा झाँके आँचल से
सूद बढ़ाये बरखा रानी
हवा हुई सैलानी
हवा हुई सैलानी, जागी सोई हुई नादानी

सफ़र में धूप तो होगी जो चल सको तो चलो
सभी हैं भीड़ में तुम भी निकल सको तो चलो
किसी के वास्ते राहें कहाँ बदलती हैं
तुम अपने आपको ख़ुद ही बदल सको तो चलो
यहाँ किसी को कोई रास्ता नहीं देता
मुझे गिरा के अगर तुम सँभल सको तो चलो
कहीं नहीं कोई सूरज धुआँ-धुआँ है फ़िज़ा
ख़ुद अपने आप से बाहर निकल सको तो चलो
यही है ज़िन्दगी कुछ ख़्वाब चन्द उम्मीदें
इन्हीं खिलौनों से तुम भी बहल सको तो चलो

हर चमकती क़ुर्बत में एक फ़ासला देखूँ
कौन आने वाला है किसका रास्ता देखूँ
शाम का धुँधलका है या उदास ममता है
भूली-बिसरी यादों से फूटती दुआ देखूँ
मस्जिदों में सजदों की मशअलें हुईं रौशन
बेचिराग़ गलियों में खेलता ख़ुदा देखूँ
लहर-लहर पानी में डूबता हुआ सूरज
कौन मुझमें दर आया उठ के आईना देखूँ
लहलहाते मौसम में तेरा ज़िक्र-ए-शादाबी
शाख़-शाख़ पर तेरे नाम को हरा देखूँ

एक ख़त

तुम आइये की आराइश में जब खोई हुई सी थीं
खुली आँखों की गहरी नींद में सोई हुई सी थीं
तुम्हें जब अपनी चाहत थी
मुझे तुमसे मोहब्बत थी

तुम्हारे नाम की ख़ुशबू से जब मौसम सँवरते थे
फ़रिश्ते जब तुम्हारे रात-दिन लेकर उतरते थे
तुम्हें पाने की हसरत थी
मुझे तुमसे मोहब्बत थी

तुम्हारे ख़्वाब जब आकाश के तारों में रौशन थे
गुलाबी अंखड़ियों में धूप थी आँचल में सावन थे
बहुत सों से रक़ाबत थी
मुझे तुमसे मोहब्बत थी

तुम्हारा ख़त मिला
मैं याद हूँ तुमको इनायत है
बदलते वक़्त की लेकिन हर इक दिल पे हुकूमत है
वो पहले की हक़ीक़त थी
मुझे तुमसे मोहब्बत थी

बदला न अपने आपको जो थे वही रहे
मिलते रहे सभी से मगर अजनबी रहे
हर वक़्त हर मुक़ाम पे हँसना मुहाल है
रोने के वास्ते भी कोई बेकली रहे
दुनिया न जीत पाओ तो हारो न आपको
थोड़ी बहुत तो ज़ेहन में नाराज़गी रहे
अपनी तरह सभी को किसी की तलाश थी
हम जिसके भी क़रीब रहे दूर ही रहे
गुज़रो जो बाग़ से तो दुआ माँगते चलो
जिसमें खिले हैं फूल वो डाली हरी रहे

कुछ तबीयत ही मिली थी ऐसी चैन से जीने की सूरत न हुई
जिसको चाहा उसे अपना न सके जो मिला उससे मोहब्बत न हुई
जिससे जब तक मिले दिल ही से मिले दिल जो बदला तो फ़साना बदला
रस्मे-दुनिया को निभाने के लिए हमसे रिश्तों की तिजारत न हुई
दूर से था वो कई चेहरों में पास से कोई भी वैसा न लगा
बेवफ़ाई भी उसी का था चलन फिर किसी से ये शिकायत न हुई
छोड़कर घर को कहीं जाने से, घर में रहने की इबादत थी बड़ी
झूठ मशहूर हुआ राजा का, सच की संसार में शोहरत न हुई
वक़्त रूठा रहा बच्चे की तरह राह में कोई खिलौना न मिला
दोस्ती की तो निभाई न गयी, दुश्मनी में भी अदावत न हुई

हर घड़ी ख़ुद से उलझना है मुक़द्दर मेरा
मैं ही कश्ती हूँ मुझी में है समुन्दर मेरा
किससे पूछूँ कि कहाँ गुम हूँ कई बरसों से
हर जगह ढूँढ़ता फिरता है मुझे घर मेरा
एक से हो गये मौसम हूँ कि चेहरे सारे
मेरी आँखों से कहीं खो गया मंज़र मेरा
मुद्दतें बीत गयीं ख़्वाब सुहाना देखे
जागता रहता है हर नींद में बिस्तर मेरा
आईना देख के निकला था मैं घर से बाहर
आज तक हाथ में महफूज़ है पत्थर मेरा

अब ख़ुशी है न कोई दर्द रुलाने वाला
हमने अपना लिया हर रंग ज़माने वाला
एक बेचेहरा-सी उम्मीद है चेहरा-चेहरा
जिस तरफ़ देखिये आने को है आने वाला
उसको रुख़सत तो किया था मुझे मालूम न था
सारा घर ले गया घर छोड़ के जाने वाला
दूर के चाँद को ढूँढ़ो न किसी आँचल में
ये उजाला नहीं आँगन में समाने वाला
इक मुसाफ़िर के सफ़र जैसी है सबकी दुनिया
कोई जल्दी में कोई देर से जाने वाला

पड़ोसी के बच्चे को क्यों डाँटती हो
शरारत तो बच्चों का शेवा रहा है
बेचारी सुराही का क्या दोष इसमें
कभी ताज़ा पानी भी ठण्डा हुआ है
सहेली से बेकार नाराज़ हो तुम
दुपट्टे पे धब्बा तो कल का पड़ा है
रिसाले को झुँझला के क्यों फेंकती हो
बिना ध्यान के भी कोई पढ़ सका है
किसी जाने वाले को आख़िर ख़बर क्या
जहाँ लड़कियाँ होंठ कम खोलती हैं
परिन्दों की परवाज़ में डोलती हैं
महक बन के हर फूल में बोलती हैं

जिनकी पलकें भीग रही हैं उनको भी ग़म होगा
लेकिन जिस पर आब न ठहरे वो मोती कम होगा
मेरे गीतों जैसी तेरे फूलों की तहरीरें
धरती तेरे अन्दर भी शायद कोई ग़म होगा
भीग चुकी है रात तो सूरज के उगने तक जागो
जिस तकिये पर सर रखोगे वो तकिया नम होगा
बादल, चाँद, घटायें, सूरज, ये बातें क्या जानें
उनसे पूछो किस बस्ती में कैसा मौसम होगा
मेरे-तेरे चूल्हों में तो इतनी आग नहीं थी
जिससे सारा शहर जला है कोई परचम होगा

आँख को जाम लिखो ज़ुल्फ़ को बरसात लिखो
जिससे नाराज़ हो उस शख़्स की हर बात लिखो
जिससे मिल के भी न मिलने की कसक बाक़ी है
उसी अनजान शनासा की मुलाक़ात लिखो
जिस्म मस्जिद की तरह, आँखें नमाज़ों जैसी
जब गुनाहों में इबादत थी वो दिन-रात लिखो
इस कहानी का तो अंजाम वही है कि जो था
तुम जो चाहो तो मोहब्बत की शुरुआत लिखो
जब भी देखो उसे अपनी ही नज़र से देखो
कोई कुछ भी कहे तुम अपने ख़यालात लिखो

जब भी किसी निगाह ने मौसम सजाये हैं
तेरे लबों के फूल बहुत याद आये हैं
निकले थे जब सफ़र पे तो महदूद था जहाँ
तेरी तलाश ने कई आलम दिखाये हैं
रिश्तों का ऐतबार, वफ़ाओं का इन्तज़ार
हम भी चिराग़ ले के हवाओं में आये हैं
रस्तों के नाम वक़्त के चेहरे बदल गये
अब क्या बतायें किसको कहाँ छोड़ आये हैं
ऐ शाम के फ़रिश्तो! ज़रा देख के चलो
बच्चों ने साहिलों पे घरौंदे बनाये हैं

अब के ख़फ़ा हुआ है तो इतना ख़फ़ा भी हो
तू भी हो और तुझमें कोई दूसरा भी हो
यूँ तो हर एक बीज की फ़ितरत दरख़्त है
खिलते हैं जिसमें फूल वो आब-ओ-हवा भी हो
आँखें न छीन मेरी नक़ाबें बदलता चल
यूँ हो कि तू क़रीब भी हो और जुदा भी हो
रिश्तों के रेग ज़ार में हर सर पे धूप है
हर पाँव में सफ़र है मगर रास्ता भी हो
दुनिया के कहने-सुनने पर इनसानियत न छोड़
इनसान है तो साथ में कोई ख़ता भी हो

दीवानगी रहे बाक़ी

तू इस तरह से मेरी ज़िन्दगी में शामिल है
जहाँ भी जाऊँ ये लगता है तेरी महफ़िल है

हर एक रंग तेरे रूप की झलक ले ले
कोई हँसी कोई लहजा कोई महक ले ले

ये आसमान, ये तारे, ये रास्ते, ये हवा
हर एक चीज़ है अपनी जगह ठिकाने से
कई दिनों से शिकायत नहीं ज़माने से

मेरी तलाश तेरी दिलकशी रहे बाक़ी
ख़ुदा करे कि ये दीवानगी रहे बाक़ी

दीवार-ओ-दर से उतरकर परछाइयाँ बोलती हैं
कोई नहीं बोलता जब तनहाइयाँ बोलती हैं
परदेस के रास्तों में रुकते कहाँ हैं मुसाफ़िर
हर पेड़ कहता है क़िस्सा ख़ामोशियाँ बोलती हैं
मौसम कहाँ मानता है तहज़ीब की बंदिशों को
जिस्मों से बाहर निकल के अँगड़ाइयाँ बोलती हैं
इक बार तो ज़िन्दगी में मिलती है सबको हुकूमत
कुछ दिन तो हर आईने में शहज़ादियाँ बोलती हैं
सुनने की मोहलत मिले तो आवाज़ है पत्थरों में
उजड़ी हुई बस्तियों में आबादियाँ बोलती हैं

हर तरफ़ हर जगह बेशुमार आदमी
फिर भी तनहाइयों का शिकार आदमी
सुबह से शाम तक बोझ ढोता हुआ
अपनी ही लाश का ख़ुद मज़ार आदमी
हर तरफ़ भागते दौड़ते रास्ते
हर तरफ़ आदमी का शिकार आदमी
रोज़ जीता हुआ रोज़ मरता हुआ
हर नये दिन नया इन्तज़ार आदमी
घर की दहलीज़ से गेहूँ के खेत तक
चलता फिरता कोई कारोबार आदमी
ज़िन्दगी का मुक़द्दर सफ़र-दर-सफ़र
आख़िरी साँस तक बेक़रार आदमी

ज़ेहानतों को कहाँ करब से फ़रार मिला
जिसे निगाह मिली उसको इन्तज़ार मिला
वो कोई राह का पत्थर हो या हसीं मंज़र
जहाँ भी रास्ता ठहरा वहीं मज़ार मिला
कोई पुकार रहा था खुली फ़िज़ाओं से
नज़र उठाई तो चारों तरफ़ हिसार मिला
हर एक साँस न जाने थी जुस्तजू किसकी
हर इक दयार मुसाफ़िर को बे-दयार मिला
ये शहर है कि नुमाइश लगी हुई है कोई
जो आदमी भी मिला बन के इश्तिहार मिला

ख़ुदा का घर नहीं कोई

ख़ुदा का घर नहीं कोई
बहुत पहले हमारे गाँव के अकसर बुज़ुर्गों ने
उसे देखा था
पूजा था
यहीं था वो
यहीं बच्चों की आँखों में
लहकते सब्ज़ पेड़ों में
वो रहता था
हवाओं में महकता था
नदी के साथ बहता था
हमारे पास वो आँखें कहाँ हैं
जो पहाड़ी पर
चमकती
बोलती
आवाज़ को देखें
हमारे कान बहरे हैं
हमारी रूह अन्धी है
हमारे वास्ते
अब फूल खिलते हैं
न कोंपल गुनगुनाती है

तनहा-तनहा दुख झेलेंगे महफ़िल-महफ़िल गायेंगे
जब तक आँसू पास रहेंगे तब तक गीत सुनायेंगे
तुम जो सोचे वो तुम जानो हम तो अपनी कहते हैं
देर न करना घर आने में वरना घर खो जायेंगे
बच्चों के छोटे हाथों को चाँद-सितारे छूने दो
चार किताबें पढ़कर ये भी हम जैसे हो जायेंगे
अच्छी सूरत वाले सारे पत्थर दिल हों मुमकिन है
हम तो उस दिन राय देंगे जिस दिन धोखा खा जायेंगे
किन राहों से सफ़र है आसाँ कौन-सा रस्ता मुश्किल है
हम भी जब थककर बैठेंगे औरों को समझायेंगे

दूर का सितारा

मैं बरसों बाद
अपने घर को तलाश करता हुआ
अपने घर पहुँचा
लेकिन मेरे घर में
अब मेरा घर कहीं नहीं था
अब मेरे भाई अजनबी औरतों के शौहर बन चुके थे
मेरे घर में
अब मेरी बहनें
अनजाने मर्दों के साथ मुझसे मिलने आती थीं
अपने-अपने दायरों में तक़सीम
मेरे भाई-बहन का प्यार
अब सिर्फ़ तोहफ़ों का लेन-देन बन चुका था
मैं जब तक वहाँ रहा
शेव करने के बाद
ब्रश, क्रीम, सेफ़्टी रेज़र
खुद धोकर अटेची में रखता रहा
मैले कपड़े
खुद गिनकर लांड्री में देता रहा
अब मेरे घर में
वो नहीं थे
जो बहुत सों में बँटकर भी

पूरे-के-पूरे मेरे थे
जिन्हें मेरी हर खोई चीज़ का पता याद था
मुझे काफ़ी देर हो गयी थी
देर हो जाने पर हर खोया हुआ घर
आसमान का सितारा बन जाता है
जो दूर से बुलाता है
लेकिन पास नहीं आता है

कहीं छत थी दीवार-ओ-दर थे कहीं, मिला मुझको घर का पता देर से
दिया तो बहुत ज़िन्दगी ने मुझे, मगर जो दिया वो दिया देर से

हुआ न कोई काम मामूल से, गुज़ारे शब-ओ-रोज़ कुछ इस तरह
कभी चाँद चमका ग़लत वक़्त पर, कभी घर में सूरज उगा देर से

ये सब इत्तफ़ाक़ का खेल है यही है जुदाई यही मेल है
मैं मुड़-मुड़ के देखा किया दूर तक, बनी वो ख़मोशी सदा देर से

कहीं रुक गये राह में बेसबब, कहीं वक़्त से पहले घिर आयी शब
हुए बन्द दरवाज़े खुल-खुल के सब, जहाँ भी गया मैं गया देर से

सजावन भी रौशन हुई रात भी, भरे जाम लहराई बरसात भी
रहे साथ कुछ ऐसे हालात भी, जो होना था जल्दी हुआ देर से

भटकती रही यूँ ही हर बन्दगी, मिली न कहीं से कोई रौशनी
छुपा था कहीं भीड़ में आदमी, हुआ मुझमें रौशन ख़ुदा देर से

गरज बरस प्यासी धरती, फिर पानी दे मौला
चिड़ियों को दाने, बच्चों को गुड़ धानी दे मौला

दो और दो का जोड़ हमेशा चार कहाँ होता है
सोच-समझ वालों को थोड़ी नादानी दे मौला

फिर रौशन कर ज़हर का प्याला, चमका नयी सलीबें
झूठों की दुनिया में सच को ताबानी दे मौला

फिर मूरत से बाहर आकर चारों ओर बिखर जा
फिर मन्दिर को कोई मेरा दीवानी दे मौला

तेरे होते कोई किसकी जान का दुश्मन क्यों हो
जीने वालों को मरने की आसानी दे मौला

अपनी मर्ज़ी से कहाँ अपने सफ़र के हम हैं
रुख़ हवाओं का जिधर का है उधर के हम हैं

पहले हर चीज़ थी अपनी मगर अब लगता है
अपने ही घर में किसी दूसरे घर के हम हैं

वक़्त के साथ है मिट्टी का सफ़र सदियों से
किसको मालूम कहाँ के हैं किधर के हम हैं

चलते रहते हैं कि चलना है मुसाफ़िर का नसीब
सोचते रहते हैं किस राह गुज़र के हम हैं

हम वहाँ हैं, जहाँ कुछ भी नहीं, रस्ता न दयार
अपने ही खोये हुए शाम-ओ-सहर के हम हैं

गिनतियों में ही गिने जाते हैं हर दौर में हम
हर क़लमकार की बेनाम ख़बर के हम हैं

दिल में न हो जुरअत तो मोहब्बत नहीं मिलती
ख़ैरात में इतनी बड़ी दौलत नहीं मिलती

कुछ लोग यूँ ही शहर में हमसे भी ख़फ़ा हैं
हर एक से अपनी भी तबियत नहीं मिलती

देखा है जिसे मैंने कोई और था शायद
वो कौन था जिससे तेरी सूरत नहीं मिलती

हँसते हुए चेहरों से है बाज़ार की ज़ीनत
रोने की यहाँ वैसे भी फ़ुर्सत नहीं मिलती

निकला करो ये शमअ लिये घर से भी बाहर
कमरे में सजाने को मुसीबत नहीं मिलती

देखा हुआ-सा कुछ है तो सोचा हुआ-सा कुछ
हर वक़्त मेरे साथ है उलझा हुआ-सा कुछ

होता है यूँ भी रास्ता खुलता नहीं कहीं
जंगल-सा फैल जाता है खोया हुआ-सा कुछ

साहिल की गीली रेत पर बच्चों के खेल-सा
हर लम्हा मुझमें बनता-बिखरता हुआ-सा कुछ

फ़ुर्सत ने आज घर को सजाया कुछ इस तरह
हर शय से मुस्कुराता है रोता हुआ-सा कुछ

धुँधली-सी एक याद किसी क़ब्र का दीया
और मेरे आस-पास चमकता हुआ-सा कुछ

कहीं-कहीं से हर चेहरा तुम जैसा लगता है
तुमको भूल न पायेंगे हम ऐसा लगता है

ऐसा भी इक रंग है जो करता है बातें भी
जो भी उसको पहन ले वो अपना-सा लगता है

तुम क्या बिछड़े भूल गये रिश्तों की शराफ़त हम
जो भी मिलता है कुछ दिन ही अच्छा लगता है

अब भी यूँ मिलते हैं हमसे फूल चमेली के
जैसे उनसे अपना कोई रिश्ता लगता है

और तो सब कुछ ठीक है, लेकिन कभी-कभी यूँ ही
चलता-फिरता शहर अचानक तनहा लगता है

उठ के कपड़े बदल, घर से बाहर निकल, जो हुआ सो हुआ
रात के बाद दिन आज के बाद कल जो हुआ सो हुआ

जब तलक साँस है, भूख है प्यास है, ये ही इतिहास है
रख के काँधे पे हल खेत की ओर चल जो हुआ सो हुआ

ख़ून से तर-ब-तर, करके हर रहगुज़र, थक चुके जानवर
लकड़ियों की तरह फिर से चूल्हे में जल जो हुआ सो हुआ

जो मरा क्यों मरा, जो लुटा क्यों लुटा, जो जला क्यों जला
मुद्दतों से हैं गुम इन सवालों के हल जो हुआ सो हुआ

मन्दिरों में भजन, मस्जिदों में अज़ाँ, आदमी है कहाँ
आदमी के लिए एक ताज़ा ग़ज़ल जो हुआ सो हुआ

बेसन की सोंधी रोटी पर खट्टी चटनी जैसी माँ
याद आती है! चौका बासन चिमटा फुकनी जैसी माँ

बाँस की खुर्री, खाट के ऊपर, हर आहट पर कान धरे
आधी सोई, आधी जागी, थकी दोपहरी जैसी माँ

चिड़ियों की चहकार में गूँजे राधा मोहन, अली-अली
मुर्ग़े की आवाज़ से बजती घर की कुण्डी जैसी माँ

बीवी, बेटी, बहन, पड़ोसन थोड़ी-थोड़ी-सी सबमें
दिन भर इक रस्सी के ऊपर चलती नटनी जैसी माँ

बाँट के अपना चेहरा, माथा, आँखें जाने कहाँ गयी
फटे पुराने इक एलबम में चंचल लड़की जैसी माँ

कभी-कभी यूँ भी हमने अपने जी को बहलाया है
जिन बातों को ख़ुद नहीं समझे औरों को समझाया है

हमसे पूछो इज़्ज़त वालों की इज़्ज़त का हाल कभी
हमने भी इक शहर में रहकर थोड़ा नाम कमाया है

उसको भूले बरसों गुज़रे, लेकिन आज न जाने क्यों
आँगन में हँसते बच्चों को बेवजह धमकाया है

उस बस्ती से छूटकर यूँ तो हर चेहरे को याद किया
जिससे थोड़ी-सी अनबन थी वो अकसर याद आया

कोई मिला तो हाथ मिलाया, कहीं गये तो बातें कीं
घर से बाहर जब भी निकले दिन भर बोझ उठाया है

नये साल की पहली नज़्म

वो जो............!
फटे-पुराने जूते गाँठ रहा है
वो भी
मैं हूँ
वो जो..........
घर-घर धूप की चाँदी बाँट रहा है
वो भी
मैं हूँ
वो जो.......
उड़ते परों से अम्बर पाट रहा है
वो भी
मैं हूँ
वो जो..........
हरी-भरी शाख़ों को काट रहा है
वो भी
मैं हूँ
सूरज-चाँद निगाहें मेरी
साल-महीने राहें मेरी
कल भी मुझमें
आज भी मुझमें
चारों ओर दिशायें मेरी

अपने-अपने आकारों में
जो भी चाहे भर ले मुझको
जिसमें जितना
समा सकूँ मैं
उतना अपना कर ले मुझको
हर चेहरा है मेरा चेहरा
बेचेहरा एक दर्पण हूँ मैं
पल-पल रूप बदलने वाली
मिट्टी हूँ मैं
जीवन हूँ मैं

मुँह की बात सुने हर कोई दिल के दर्द को जाने कौन
आवाज़ों के बाज़ारों में ख़ामोशी पहचाने कौन

सदियों-सदियों वही तमाशा, रस्ता-रस्ता लम्बी खोज
लेकिन जब हम मिल जाते हैं खो जाता है जाने कौन

वो मेरी परछाईं है या मैं उसका आईना हूँ
मेरे ही घर में रहता है, मुझ जैसा ही जाने कौन

जाने क्या-क्या बोल रहा था, सरहद, प्यार, किताबें, ख़ून
कल मेरी नींदों में छुपकर जाग रहा था जाने कौन

किरण-किरण अलसाता सूरज, पलक-पलक खिलती नींदें
धीमे-धीमे बिखर रहा है ज़र्रा-ज़र्रा जाने कौन

हमेशा यूँ ही होता है

हमेशा यूँ ही होता है
घनी ख़ामोशियों के चुप अँधेरों में
कोई मिसरा
कोई पैकर
अचानक बेइरादा
उड़ते जुगनू-सा चमकता है
उसी की झिलमिलाहट में
कभी धुँधला
कभी रौशन
बिना लफ़्ज़ों की पूरी नज़्म का चेहरा झलकता है
वो मिसरा या कोई पैकर
छुपा रहता है जो अकसर
गुज़रते रास्तों में
गीत गाते ख़ाली प्यालों में
गली-कूचों में बिखरे
चाय ख़ानों के सवालों में
सुलगती बस्तियों, जलते मकानों के उजालों में
कभी बेमअनी बहसों में
कभी छोटे रिसालों में
चिराग़ों में
नमक में

तेल में
आटे में
दालों में
वो जब भी तीरगी में
रौशनी बनकर निकलता है
खुला काग़ज़
नयी तख़लीक़ के साँचे में ढलता है
यूँही मंज़र बदलता है
हमेशा यूँ ही होता है

धूप में निकलो, घटाओं में नहाकर देखो
ज़िन्दगी क्या है किताबों को हटाकर देखो

सिर्फ़ आँखों से ही दुनिया नहीं देखी जाती
दिल की धड़कन को भी बीनाई बनाकर देखो

पत्थरों में भी ज़ुबाँ होती है दिल होते हैं
अपने घर के दर-ओ-दीवार सजाकर देखो

वो सितारा है चमकने दो यूँ ही आँखों में
क्या ज़रूरी है उसे जिस्म बनाकर देखो

फ़ासला नज़रों का धोखा भी तो हो सकता है
वो मिले या न मिले हाथ बढ़ाकर देखो

जाने वालों से राबता रखना
दोस्तो! रस्म-ए-फ़ातेहा रखना

घर की तामीर चाहे जैसी हो
इसमें रोने की कुछ जगह रखना

मस्जिदें हैं नमाज़ियों के लिये
अपने घर में कहीं ख़ुदा रखना

जिस्म में फैलने लगा है शहर
अपनी तनहाइयाँ बचा रखना

मिलना-जुलना जहाँ ज़रूरी है
मिलने-जुलने का हौसला रखना

उम्र करने को है पचास को पार
कौन है किस जगह पता रखना

चिड़िया ने उड़कर कहा, मेरा है आकाश
बोला शिकरा डाल से, यूँ ही होता काश

ले के तन के नाप को, घूमे बस्ती गाँव
हर चादर के घेर से बाहर निकले पाँव

दुख की नगरी कौन-सी, आँसू की क्या ज़ात
सारे तारे दूर के सब के छोटे हात

चाक़ू काटे बाँस को, हँसी खोले भेद
इतने ही सुर जानिये, जितने इसमें छेद

किससे पूछे रास्ता, गल्ला बिछड़ी भेड़
अपनी छाया ओढ़ के, सो गये सारे पेड़

सौदा लेने हाट में, कैसे जाये नार
चाक़ू ले के हाथ में, बैठा है बाज़ार

•

सा से सा तक सात सुर, सात सुरों में राग
इतना ही संगीत है, जितनी तुझमें आग

सबकी पूजा एक-सी, अलग-अलग हर रीत
मस्जिद जाये मौलवी, कोयल गाए गीत

अच्छी संगत बैठकर, संगी बदले रूप
जैसे मिलकर आम से मीठी हो गयी धूप

सीधा सादा डाकिया, जादू करे महान
एक ही थैले में भरे, आँसू और मुस्कान

सुना है अपने गाँव में, रहा न अब वो नीम
जिसके आगे माँद थे, सारे वैद हकीम

सातों दिन भगवान के, क्या मंगल क्या पीर
जिस दिन सोये देर तक भूखा रहे फ़कीर

दुख तो मुझको भी हुआ, मिला न तेरा सात
शायद तुझमें भी न हो, तेरे जैसी बात

चीख़े घर के द्वार की लकड़ी हर बरसात
कटकर भी मरते नहीं, पेड़ों में दिन-रात

वो सूफ़ी का क़ौल हो या पण्डित का ज्ञान
जितनी बीते आप पर, इतना ही सच मान

बरखा सबको दान दे, जिसकी जितनी प्यास
मोती-सी ये सीप में, मिट्टी में ये घास

मैं क्या जानूँ तू बता, तू है मेरा कौन
मेरे मन की बात को, बोले तेरा मौन

सीता, रावण, राम का, करें विभाजन लोग
एक ही तन में देखिये तीनों का संजोग

बच्चा बोला देखकर मस्जिद आलीशान
अल्लाह तेरे एक को, इतना बड़ा मकान

जादू टोना रोज़ का, बच्चों का ब्योहार
छोटी-सी इक गेंद में भर दें सब संसार

चाहे गीता बाँचिए या पढ़िये क़ुरआन
मेरा-तेरा प्यार ही, हर पुस्तक का ज्ञान

अन्दर मूरत पर चढ़े, घी, पूरी, लोबान
मन्दिर के बाहर खड़ा, ईश्वर माँगे दान

पंछी-बालक, फूल-जल, अलग-अलग आकार
माटी का घर एक ही, सारे रिश्तेदार

सपना झरना नींद का, जागी आँखें प्यास
पाना, खोना, खोजना, साँसों का इतिहास

घर को खोजें रात दिन, घर से निकले पाँव
वो रस्ता ही खो गया, जिस रस्ते था गाँव

बूढ़ा पीपल घाट का, बतियाये दिन-रात
जो भी गुज़रे पास से, सर पर रख दे हात

जीवन के सुर ताल का, कैसे लगे हिसाब
दीमक के घर बैठकर, लेखक लिखे किताब

मैं रोया परदेस में भीगा माँ का प्यार
दुख ने दुख से बात की बिन चिट्ठी बिन तार

बहनें चिड़िया धूप की, दूर गगन से आयें
हर आँगन मेहमान-सी पकड़ो तो उड़ जायें

आँगन-आँगन बेटियाँ, छाँटी-बाँटी जायें
जैसे बालें गेहूँ की, पके तो काटी जायें

उस जैसा तो दूसरा मिलना था दुश्वार
लेकिन उसकी खोज में, फैल गया संसार

दूर समुन्दर पार से कोई करे ब्योपार
पहले भेजे सरहदें, फिर बेचे हथियार

माटी से माटी मिले, खो के सभी निशान
किसमें कितना कौन है, कैसे हो पहचान

फूटी किरन अज़ान की, जागे पंछी-ढोर
चिड़ियों की चहकार में, करे तिलावत भोर

नदिया से बादल बने, बादल से बरसात
तू चाहे जो रूप ले, मैं हूँ तेरे सात

आज कई दिन बाद वो, मिला तो यूँ की बात
होंठों के अलफ़ाज़ को, बोल रहे थे हात

युग-युग से हर बाग़ का, ये ही एक उसूल
जिसको हँसना आ गया, वो ही मिट्टी-फूल

सूरज से धरती तपे, छाया ढूँढ़े काग
तन के अन्दर मन जले, धुआँ दिखे न आग

नदिया सींचे खेत को, तोता कुतरे आम
सूरज ठेकेदार-सा, सबको बाँटे काम

मैं भी तू भी यात्री, चलती-रुकती रेल
अपने-अपने गाँव तक, सबका सबसे मेल

पूजाघर में मूरती, मीरा के संग श्याम
जितनी जिसकी चाकरी, इतने उसके दाम

मैं काग़ज़ तू कल्पना, तुझमें मैं साकार
अपनी ही तस्वीर को, पूजे रचनाकार

छोटा करके देखिये, जीवन का विस्तार
आँखों भर आकाश है, बाँहों भर संसार

ऊपर से गुड़िया हँसे, अन्दर काट-कबाड़
गुड़िया से है प्यार तो, कीलें नहीं उखाड़

मुझ जैसा इक आदमी, मेरा ही हमनाम
उल्टा-सीधा वो चले, मुझे करे बदनाम

चिड़ियों को चहकार दे, गीतों को दे बोल
सूरज बन आकाश है, गोरी घूँघट खोल

दर्पण में आँखें बनीं, दीवारों में कान
नैनों से हँसने लगी, अधरों की मुस्कान

बगिया महके रात-दिन, आयें-जायें फूल
परसों-नरसों आज-कल, भूले मन की भूल

नयी-नयी आँखें हों तो हर मंज़र अच्छा लगता है
कुछ दिन शहर में घूमे लेकिन अब घर अच्छा लगता है

मिलने-जुलने वालों में तो सब ही अपने जैसे हैं
जिससे अब तक मिले नहीं वो अकसर अच्छा लगता है

मेरे आँगन में आये या तेरे सर पर चोट लगे
सन्नाटों में बोलने वाला पत्थर अच्छा लगता है

चाहत हो या पूजा सबके अपने अपने साँचे हैं
जो मूरत में ढल जाये वो पैकर अच्छा लगता है

हमने भी सोकर देखा है नये-पुराने शहरों में
जैसा भी है, अपने घर का बिस्तर अच्छा लगता है

वृन्दावन के कृष्ण कनहय्या अल्लाह हू
बनसी, राधा, गीता, गय्या, अल्लाह हू

थोड़े तिनके, थोड़े दाने, थोड़ा जल
एक ही जैसी हर गौरय्या अल्लाह हू

जैसा जिसका बर्तन वैसा उसका तन
घटती, बढ़ती, गंगा मय्या अल्लाह हू

एक ही दरिया नीला पीला लाल हरा
अपनी अपनी सबकी नय्या अल्लाह हू

मौलवियों का सजदा, पण्डित की पूजा
मज़दूरों की हय्या-हय्या अल्लाह हू

कठपुतली है या जीवन है जीते जाओ सोचो मत
सोच से ही सारी उल्झन है जीते जाओ सोचो मत

लिखा हुआ किरदार कहानी में ही चलता-फिरता है
कभी है दूरी कभी मिलन है जीते जाओ सोचो मत

नाच सको तो नाचो जब थक जाओ तो आराम करो
टेढ़ा क्यों घर का आँगन है जीते जाओ सोचो मत

हर मज़हब का एक ही कहना, जैसा मालिक रखे रहना
जब तक साँसों का बन्धन है जीते जाओ सोचो मत

घूम रहे हैं बाज़ारों में, सरमायों के आतिशदान
किस भट्ठी में कौन ईंधन है जीते जाओ सोचो मत

तुम ये कैसे जुदा हो गये
हर तरफ़ हर जगह हो गये

गीत

बादल मेरे गाँव भी आओ
पगड़ी टाँगो
पीपल नीचे
ऊँट बिठाओ
मस्जिद पीछे
सूख रहे हैं ताल-तलाओ
फिर उनको भर जाओ
बादल मेरे गाँव भी आओ
चौपालों में कथा सुनाओ
पिंजरे की मैना से बोलो
बनिया डण्डी मार रहा है
दाल-नमक
अच्छे से तौलो
खोल के अपनी महँगी गठरी
सस्ती हाट लगाओ
बादल मेरे...
नीम की मीठी करो निबोली
सुलगाओ ठण्डे चूल्हों को
मैदानों से धूप उठाकर
पेंगें भरने दो झूलों को
चुप-चुप हैं

बीजों में अंकुर
आल्हा ऊदल गाओ
बादल मेरे...
पगडण्डी पर घास बिछाओ
दूध चढ़ाओ गाय के थन में
फाड़ के मुखिया के खाते को
चैन लिखो घर के आँगन में
प्यासी है
नदिया बेचारी
शीतल जल बरसाओ
बादल मेरे गाँव भी आओ

जितनी बुरी कही जाती है उतनी बुरी नहीं है दुनिया
बच्चों के स्कूल में शायद तुमसे मिली नहीं है दुनिया

चार घरों के एक मोहल्ले के बाहर भी है आबादी
जैसी तुम्हें दिखाई दी है सबकी वही नहीं है दुनिया

घर में ही मत इसे सजाओ, इधर-उधर भी ले के जाओ
यूँ लगता है जैसे तुमसे अब तक खुली नहीं है दुनिया

भाग रही है गेंद के पीछे, जाग रही है चाँद के नीचे
शोर भरे काले नारों से अब तक डरी नहीं है दुनिया

चाहतें मौसमी परिन्दे हैं, रुत बदलते ही लौट जाते हैं
घोंसले बन के टूट जाते हैं, दाग़ शाख़ों पे चहचहाते हैं

आने वाले ब्याज़ में अपनी, जाने वालों के नाम लिखते हैं
सब ही औरों के ख़ाली कमरों को, अपनी-अपनी तरह सजाते हैं

मौत एक वाहमा है नज़रों का, साथ छूटता कहाँ है अपनों का
जो ज़मीं पर नज़र नहीं आते, चाँद-सितारों में जगमगाते हैं

ये मुसव्विर अजीब होते हैं, आप अपने हबीब होते हैं
दूसरों की शबाहतें लेकर, अपनी तस्वीर ही बनाते हैं

यूँ ही चलता है कारोबार जहाँ, है ज़रूरी हर एक चीज़ यहाँ
जिन दरख़्तों में फल नहीं आते वो जलाने के काम आते हैं

एक ही धरती हम सबका घर, जितना तेरा उतना मेरा
दुख-सुख का ये जन्तर-मन्तर, जितना तेरा उतना मेरा

गेहूँ-चावल बाँटने वाले, झूठा तौलें तो क्या बोलें
यूँ तो सब कुछ अन्दर-बाहर, जितना तेरा उतना मेरा

हर जीवन की वही विरासत, आँसू, सपना, चाहत, मेहनत
साँसों का हर बोझ बराबर, जितना तेरा उतना मेरा

साँसें जितनी, मौजें उतनी, सबकी अपनी-अपनी गिनती
सदियों का इतिहास समुन्दर, जितना तेरा उतना मेरा

ख़ुशियों के बँटवारे तक ही ऊँचे-नीचे आगे-पीछे
दुनिया के मिट जाने का डर, जितना तेरा उतना मेरा

आज ज़रा फ़ुर्सत पाई थी आज उसे फिर याद किया
बन्द गली के आख़िरी घर को खोल के फिर आबाद किया

खोल के खिड़की चाँद हँसा फिर चाँद ने दोनों हाथों से
रंग उड़ाये, फूल खिलाये, चिड़ियों को आज़ाद किया

बड़े-बड़े ग़म खड़े हुए थे रस्ता रोके राहों में
छोटी-छोटी ख़ुशियों से ही हमने दिल को शाद किया

बात बहुत मामूली-सी थी उलझ गयी तकरारों में
एक ज़रा-सी ज़िद ने आख़िर दोनों को बरबाद किया

दानाओं की बात न मानी काम आयी नादानी ही
सुना हवा को, पढ़ा नदी को, मौसम को उस्ताद किया

नज़्म बहुत आसान थी पहले

नज़्म बहुत आसान थी पहले
घर के आगे
पीपल की शाख़ों से उछल के
आते-जाते
बच्चों के बस्तों से निकल के
रंग-बिरंगी
चिड़ियों की चहकार में ढल के
नज़्म मेरे घर जब आती थी
मेरे क़लम से, जल्दी-जल्दी
ख़ुद को पूरा लिख जाती थी

अब सब मंज़र
बदल चुके हैं
छोटे-छोटे चौराहों से
चौड़े रस्ते निकल चुके हैं
नये-नये बाज़ार
पुराने गली-मोहल्ले निगल चुके हैं
नज़्म से मुझ तक
अब कोसों लम्बी दूरी है
इन कोसों लम्बी दूरी में
कहीं अचानक

बम फटते हैं
कोख में माँओं के
सोते बच्चे कटते हैं
मज़हब और सियासत
दोनों
नये-नये नारे रटते हैं
बहुत से शहरों
बहुत से मुल्कों से
अब चलकर
नज़्म मेरे घर जब आती है
इतनी ज़्यादा थक जाती है
मेरे लिखने की टेबल पर
ख़ाली काग़ज़ को
ख़ाली ही छोड़ के रुख़सत हो जाती है
और किसी फ़ुटपाथ पे जाकर
शहर के सबसे बूढ़े शहरी की
पलकों पर
आँसू बनकर सो जाती है

हमन है इश्क़ मस्ताना हमन को होशियारी क्या

(कबीरदास)

ये दिल कुटिया है सन्तों की यहाँ राजा-भिखारी क्या
वो हर दीदार में ज़रदार है, गोटा किनारी क्या

सभी के सामने इक आईना है अपनी सूरत का
इसी सूरत की सबको जुस्तजू है यारा-यारी क्या

इसी के चलने, फिरने, हँसने, रोने की हैं तस्वीरें
घटा क्या, चाँद क्या, संगीत क्या, बादे-बहारी क्या

ये काटे से नहीं कटते, ये बाँटे से नहीं बँटते
नदी के पानियों के सामने आरी कटारी क्या

किसी घर के किसी बुझते हुए चूल्हे में ढूँढ़ इसको
जो चोटी और दाढ़ी तक रहे वो दीनदारी क्या

हमारा मीर जी से मुत्तफ़िक़ होना है नामुमकिन
उठाना है जो पत्थर इश्क़ का तो हल्का-भारी क्या

ठानी थी दिल में अब न मिलेंगे किसी से हम

(मोमिन)

जबसे क़रीब हो के चले ज़िन्दगी से हम
ख़ुद अपने आईने को लगे अजनबी से हम

कुछ दूर चल के रास्ते सब एक से लगे
मिलने गये किसी से मिल आये किसी से हम

अच्छे-बुरे के फ़र्क़ ने बस्ती उजाड़ दी
मजबूर हो के मिलने लगे हर किसी से हम

शाइस्ता महफ़िलों की फ़िज़ाओं में ज़हर था
ज़िन्दा बच्चे हैं ज़ेहन की आवारगी से हम

अच्छी-भली थी दुनिया गुज़ारे के वास्ते
उलझे हुए हैं अपनी ही ख़ुद आगही से हम

जंगल में दूर तक कोई दुश्मन न कोई दोस्त
मानूस हो चले हैं मगर बम्बई से हम

सभी के जैसी थी इस वास्ते सजीली थी
मेरे बदन पे मगर वो क़मीस ढीली थी

बहुत हसीन नज़र आ रही थी कल दुनिया
वो यूँ था होश नहीं था शराब पी ली थी

न जाने क्यों लगा मुझको वो जगमगाती हँसी
जो उसके होंठों पे थी आँसुओं से गीली थी

बहुत से रंग थे उसमें बस इतना याद है अब
वो ढलती शाम के सूरज-सी पीली-पीली थी

यहीं-कहीं कभी ऐसा भी इक मोहल्ला था
जहाँ की धूप गुलाबी हवा नशीली थी

अकेली होके भी राधा कहाँ हुई तनहा
जो उसके पास थी वो बाँसुरी सुरीली थी

धुआँ उड़ाकर चाँद बुझाना अच्छी बात नहीं
बच्चों के सपनों को चुराना अच्छी बात नहीं

जिस्मों के बाहर भी मिलना-जुलना नामुमकिन है
रस्ते में रस्ता कतराना अच्छी बात नहीं

उम्र ही कितनी मिलती है दुनिया में जीने को
इस पर चौदह साल गँवाना अच्छी बात नहीं

तेरा अपना जिया हुआ ही तेरा अपना है
औरों की बातें दोहराना अच्छी बात नहीं

कभी अकेले में खुद से भी बातें करके देख
हर महफ़िल में आना-जाना अच्छी बात नहीं

तनहाई में भूली बिसरी यादें बसती हैं
सोतों को नींदों से जगाना अच्छी बात नहीं